Eßlinger reprint

Meggendorfers Humoristische Blätter.

Lothar Meggendorfer's

Herausgegeben
von
H. G. von Stockhausen

Eßlinger reprint

Verlag von J. F. Schreiber in Eßlingen bei Stuttgart.

Inhaltsverzeichnis

CIP-Kurztitelaufnahme der Deutschen Bibliothek
Meggendorfer, Lothar
(Sammlung)
Lothar Meggendorfer's Humoristische Blätter/
hrsg. von H. G. von Stockhausen. – Esslingen bei
Stuttgart: Schreiber
(Esslinger Reprint)
ISBN 3-480-12441-0

Es hängen, das weiß jedermann,
Zwei Seiten jedem Dinge an:
Bald ist's 'was Gutes, bald 'was Schlechts,
Man kann's beseh'n von links, von rechts,
Dem Vorn entgegen steht das Hint',
Das man bei dem und jenem find't,
Und es gesellt dem Oben sich
Das Unten zu ganz sicherlich;
Und aus dem Ernst entsteht ein Scherz,
Der fröhlich machet unser Herz.
Der Frohsinn ist nun, glaubet mir
Das beste Lebenselixir:
Durchtränkt vom lieblichen Humor
Kommt uns das Dasein schöner vor,
Denn immer hat der echte Witz
Tief im Gemüte seinen Sitz;
Aus ihm entspringt die Heiterkeit,
Die uns von Sorg' und Pein befreit,
Die unser'm Leben ganz allein
Verleiht den schönsten Sonnenschein.
Wer emsig den Humor nun pflegt,
Von sich auf And're überträgt,
Der leistet wahrlich grad so viel,
Als ernsten Strebens großes Ziel.
Ein guter Witz hat nie verletzt,
Doch Tausende schon oft ergötzt.
Gar mancher Thräne schon gewehrt
Und manches Leiden schon verkehrt.
Nun, zur erwünschten Fröhlichkeit
Wohl dieses Buch das Beste beut:
Es ist fürwahr in Bild und Wort
Des lieblichsten Humores Hort!
Mit Sorgfalt ist der Witz gewählt,
Der durch das Bild den Schmuck erhält,
Den Schmuck, den eines Meisters Hand
In urfrisch-froher Weis' erfand.
Des Buches Inhalt ist so reich,
Daß ihm nicht leicht ein and'res gleich:
Was Komisch' immer nur passiert,
Ist hier gar trefflich illustriert;
Die lebensfrische Heiterkeit
Macht sich auf jedem Blatte breit,
Und was er fand und was er weiß
An Scherzen, gab der Künstler preis;
Im bunten Wechsel zeigt er klar,
Wie schlau zum Beispiel Jener war,
Wie Dieser dort dann wiederum
Gehandelt hatte äußerst dumm;

Der Mann, die Frau, das Kind, das Tier,
Dient ihm zu seinen Scherzen hier,
Von Hoch und Nieder, Arm und Reich
Erzählt er manchen lust'gen Streich.
Zum Beispiel: da, ein Polizist
Erfährt von des Studenten List;
Dort wieder sieht man, wie es geht
Dem Mann auf dem Velociped
Und putz'ge Gnomen tummeln sich
Bald hier, bald da urdrolliglich.
Und Jungfrau, Mohr und Elefant,
Gelehrter, Jäger, Leutenant,
Dann Ritter, Räuber, Portier
Und Handelsmann, Privatier,
Die Herren gar vom Magistrat
Verewigt irgend eine That;
Auch Pfarrer, Lehrer, Handwerksleut'
Benutzt der Witz auf mancher Seit',
Gleichwie den Spieler, den Soldaten,
Den Säufer, Zuchthauskandidaten,
Den Richter, Doktor, Bettler, Bauer,
Den Handwerksburschen, Müller, Brauer,
Den Fürsten selbst spielt der Humor
Gar oft ein schalkhaft Stücklein vor.
Der Schauplatz ist bald in der Stadt,
Bald auf dem Lande, bald im Bad,
Zu Hause, in der Sommerfrisch',
Im Wirtshaus, am Familientisch,
Bald auf der Jagd, bald auf dem Eis,
Bald vor Gericht, im Freundeskreis.
Das Buch ist durch den Bilderschmuck,
Durch Form und Art und durch den Druck
Für jedermann, für Frau und Kind
Das schönste, heit're Angebind;
Für den Salon ist's auch 'ne Zier –
Ich meine, ja gerade hier
Ist es gar manchmal sehr am Platz
Als guter Unterhaltungsschatz. –
Des Künstlers Witz ist echt und rein,
Denn er steckt an! So muß es sein.
Er strömt im buntesten Gemisch
Vom Herzen frei und froh und frisch
Und ist in seinem Kern umweht
Von drolligster Naivität.
Drum keinem Zweifel unterliegt,
Daß dieses Buch viel Freunde kriegt:
Wer sich den Ernst des Lebens gern
Will halten ein'ge Stunden fern,
Wer nach des Tages Sorg' und Last
Den frohen Scherz sieht gern als Gast,
Wer machen will des Kranken Leid
Vergessen wohl von Zeit zu Zeit,
Und wer erfreuen will sein Kind,
Der greife nach dem Buch geschwind,
„Den wahrsten Hausschatz, voll Humor
Er sich gewiß in ihm erkor:
Ein Kobold mit der Schellenkappe
Ist: **Meggendorfers Bildermappe!**"

Julius Beck.

Der Schlangenmensch.

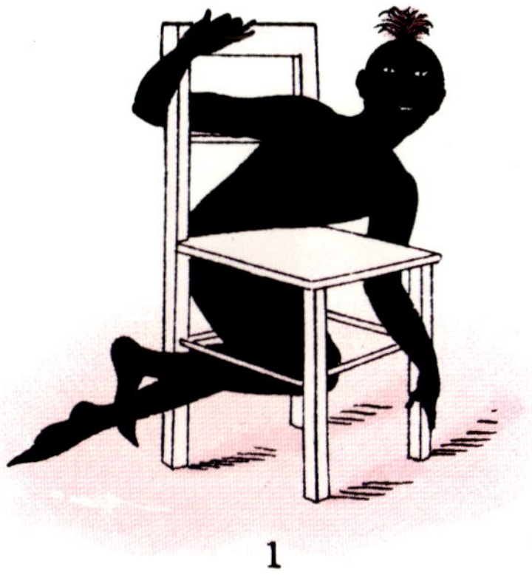

1

2

3

4

5

6

7

8

9

Der Schlangenmensch.

10

11

12

13

14

15

16

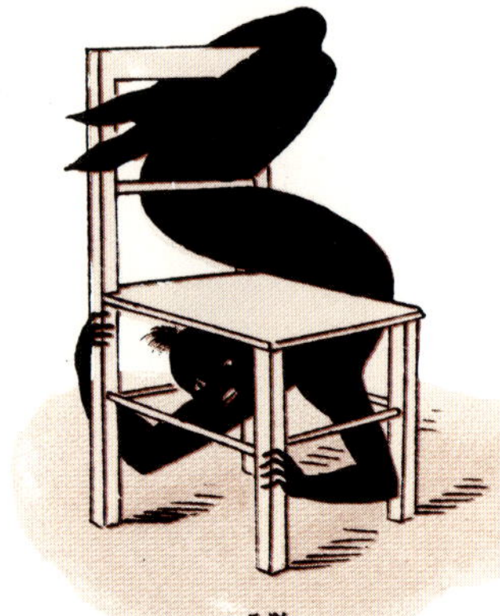

17

18

19

20

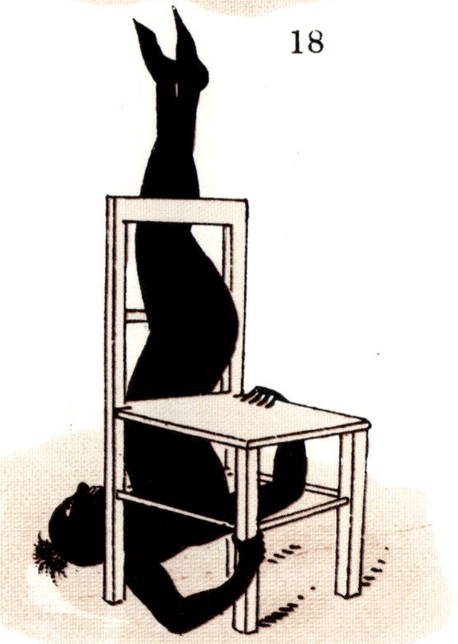

21

Der Schlangenmensch.

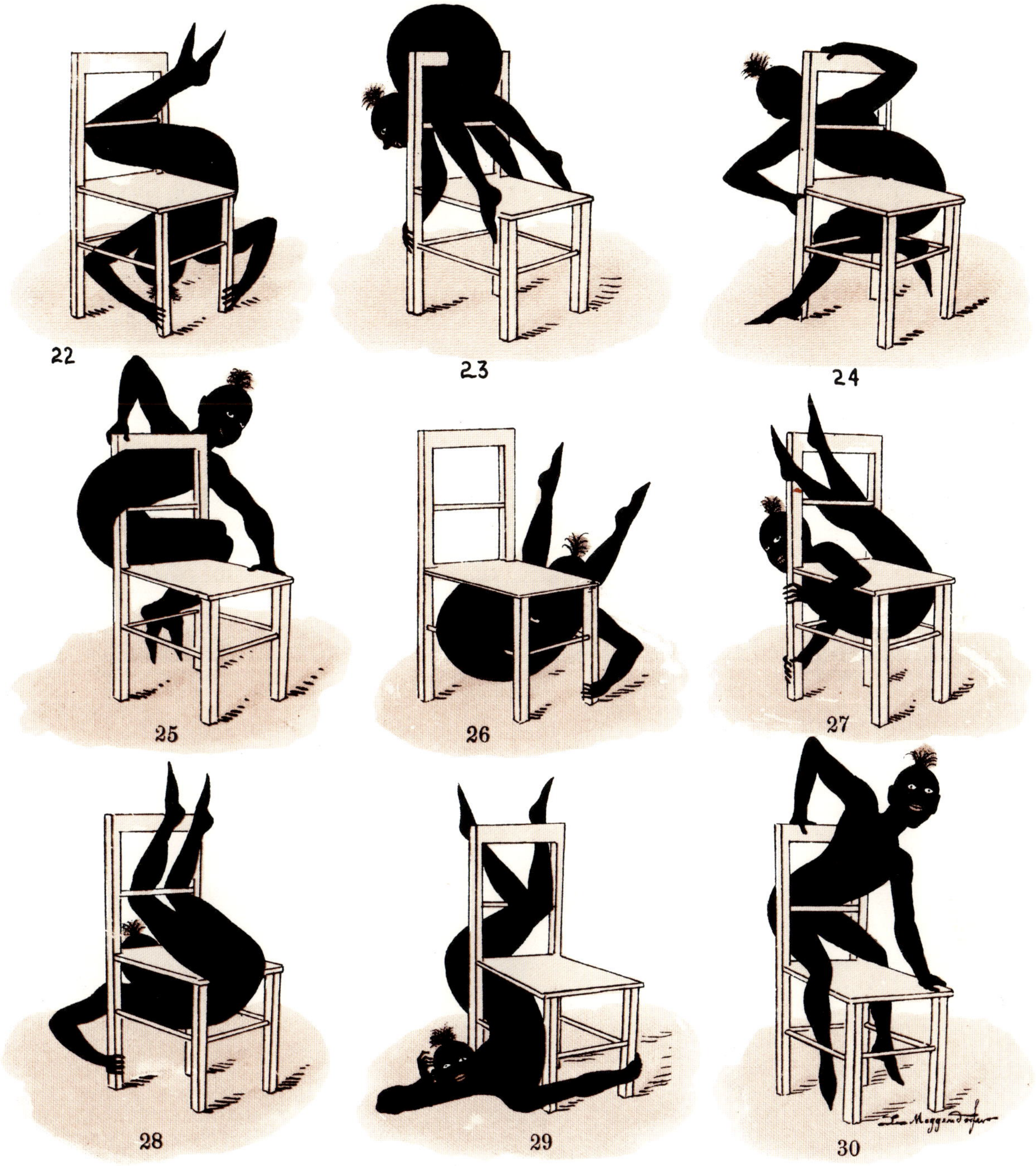

Kurze Freude.

1

Gebräuchlich ist's, daß man bescheert,
Wo man Geburtstagsfeste ehrt.
Auch bei Herrn Heß war dies der Fall,
Als sein Geburtstag kam einmal.

2

Was sich schon längst gewünscht, Herr Heß:
Ein wunderschönes, rotes Fez.

3

Schnell setzt er es auf's Haupt, allein, —
Da merkt er, daß es viel zu klein.

Kurze Freude.

4

Durch Wasserdämpfe wird gar leicht
Des Filzes Dehnbarkeit erreicht;
So ward Herrn Heß einmal gesagt,
Drum thut er dies auch unverzagt;

5

Und sieht auch bald belohnt sein Müh'n:
Er kann das Fetz in's Breite zieh'n.

6

Auch in die Länge muß es geh'n;
Die schöne Form soll so entsteh'n.

7

Als er alsdann sein Werk beschaut,
Er zweifelnd dieser Größ' mißtraut.

8

Und richtig! Bald bemerkt Herr Heß,
Sein Kopf verschwindet unter'm Fetz.

9

Doch macht Herrn Heß dies nicht Beschwer.
Zur Kürzung nimmt er schnell die Scheer'

Schattenbilder.

Kurze Freude.

10

Und schneidet, zwick, zwack, weg damit
Ein großes Stück mit kräft'gem Schnitt.

11

Und so beschnitten und gedehnt
Herr Heß sein Werk vollendet wähnt.

12

Wahrhaftig! Es paßt nun famos!
Und seine Freud' ist grenzenlos.

13

Und gar erst bei der Lampe Schein
Dünkt er ein König sich zu sein;
Und liest — ist das nicht wunderbar? —
Die Zeitung heut' von vorne gar.

14

Und liest und liest mit großem Fleiß,
Ihm wird dabei der Kopf ganz heiß —
Die Lampe auch verbreitet Glut,
Es scheint das thut dem Fez nicht gut. —

15

Nicht immer hält die Zeitung wach,
Auch and're Dinge wirken nach,
So kann es auch erklärlich sein:
Herr Heß schlief endlich friedlich ein.

16

Nach vorne neigt sein Haupt sich schwer —
Das Fez, das paßt schon lang nicht mehr;

17

Geräuschvoll platscht es auf das Blatt,
Das noch Herr Heß in Händen hat.
Das schreckt ihn auf; er denkt, o Wunder!
Sieh' mal! Die Quaste fiel herunter!

18

Das Fez — — herrje! Nun wirds ihm klar:
Fast nur mehr eine Quaste war.

Der Radfahrer.

1

Was nur das Ding heut' hat, daß ich gar nicht zum Aufsitzen komme.

2

So, jetzt bin ich endlich glücklich oben.

3

Ich glaub' gar, die Leute machen ihren Zaun mit Fleiß so nah' an die Straße.

Der Radfahrer.

4

Schau, schau, fest hat sich das Radelzeug eingezwängt.

5

Aha — hat ihn schon!

6

Solch ein Ding muß etwas aushalten können.

7

Halt! Meine neue Haub'n.

8

So, die Haub'n hätt' ich, und ein Loch in meinem neuen Rock hätt' ich auch.

9

Die paar Minuten Aufenthalt hab' ich gleich wieder eingebracht.

Der Radfahrer.

10

Ja so — umkehren muß ich ja, sonst komme ich wieder hinein in die Stadt.

11

Ich glaub' gar, der meint, ich zahl' seinen lumpigen Zaun, das thu' ich aber nicht —

12

— — Zwei Mark zahl' ich Ihnen für die paar Latten!

13

Jetzt freue ich mich aber auf eine frische Maß!

Schatten-bilder.

Ein fataler Bubenstreich.

Heute große Vorstellung.

Der bestrafte Tierquäler.

Die Prise.

Eine Moritat

1

Hört ihr Leute die Geschichte,
Die als wahr ich euch berichte.
Mayer, sonst ein braver Mann,
Schafft sich ein Motorrad an.
Fährt damit in freier Zeit
Teck — teck — teck —
Oft meilenweit.

2

Bremsen ist zur rechten Zeit
Teck — teck — teck —
Von Wichtigkeit.
Bremse, wenn nicht funktioniert
Teck — teck — teck —
Die ist ruiniert.

3

Schnelles Fahren macht Getöse
Teck — teck — teck —
Verursacht Stöße.

4

Mayer merkt's, durch Angst verwirrt
Teck — teck — teck —
Den Kopf verliert.

5

Als er seinen Kopf vermißt
Teck — teck — teck —
Erschrocken ist.

6

Arm' und Beine lösen los
Teck — teck — teck —
Bei jedem Stoß
Ab von Mayers Körper sich
Teck — teck — teck
's ist fürchterlich.

7

Mayer liegt zerstreut umher
Teck — teck — teck —
Und fährt nicht mehr.
Mayers Rad am Stein zerschellt,
Der am Weg ist aufgestellt.

8

Die Moral von der Geschicht'
„Fahre nie, bevor Du nicht
Hast die Bremse inspiziert,
Ob sie richtig funktioniert."

L. M.

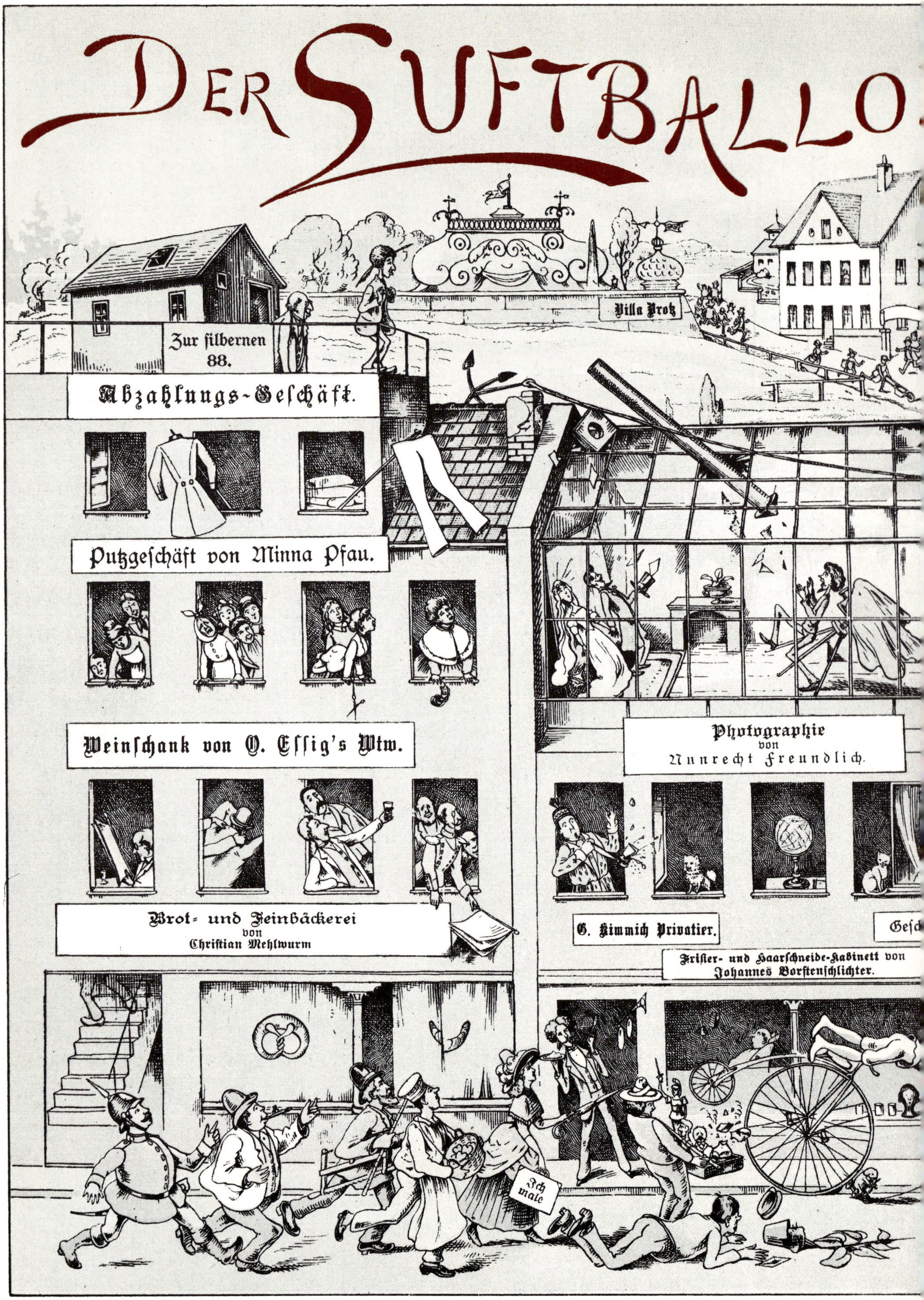

DER LUFTBALLO
Villa Protz
Zur silbernen 88.
Abzahlungs-Geschäft.
Putzgeschäft von Minna Pfau.
Weinschank von O. Essig's Wtw.
Photographie von Unrecht Freundlich.
Brot- und Feinbäckerei von Christian Mehlwurm
G. Kimmich Privatier.
Gesch
Frisier- und Haarschneide-Kabinett von Johannes Borstenschlichter.
Ich male

AMOR
Bierbrauerei von Hopf & Mälzle.
Joseph Speck Metzger.
Frische Waffeln.
Wie heißen Sie?
Schafe 3 ₰ das Stück
Alle Sorten Kuchen.
chler.
Paul Widmayer

Wie sich John Bull aus Lebensgefahr rettet.

1

2

Ein Wüstenidyll.

3

4

5

Der eingegangene Dieb.

Der leichte Schneider und der edle Hanswurst.

1 2

Eine seltsame Dekoration.

3

1.

2.

Janos mit dem Riesenbarte.

3.

Janos mit dem Riesenbarte.

Unerwartete Wendung.

Die beiden Straßensprenger.

Löwenfang in Spießfield.

Die Leiterkünstler.

Die Leiterkünstler.

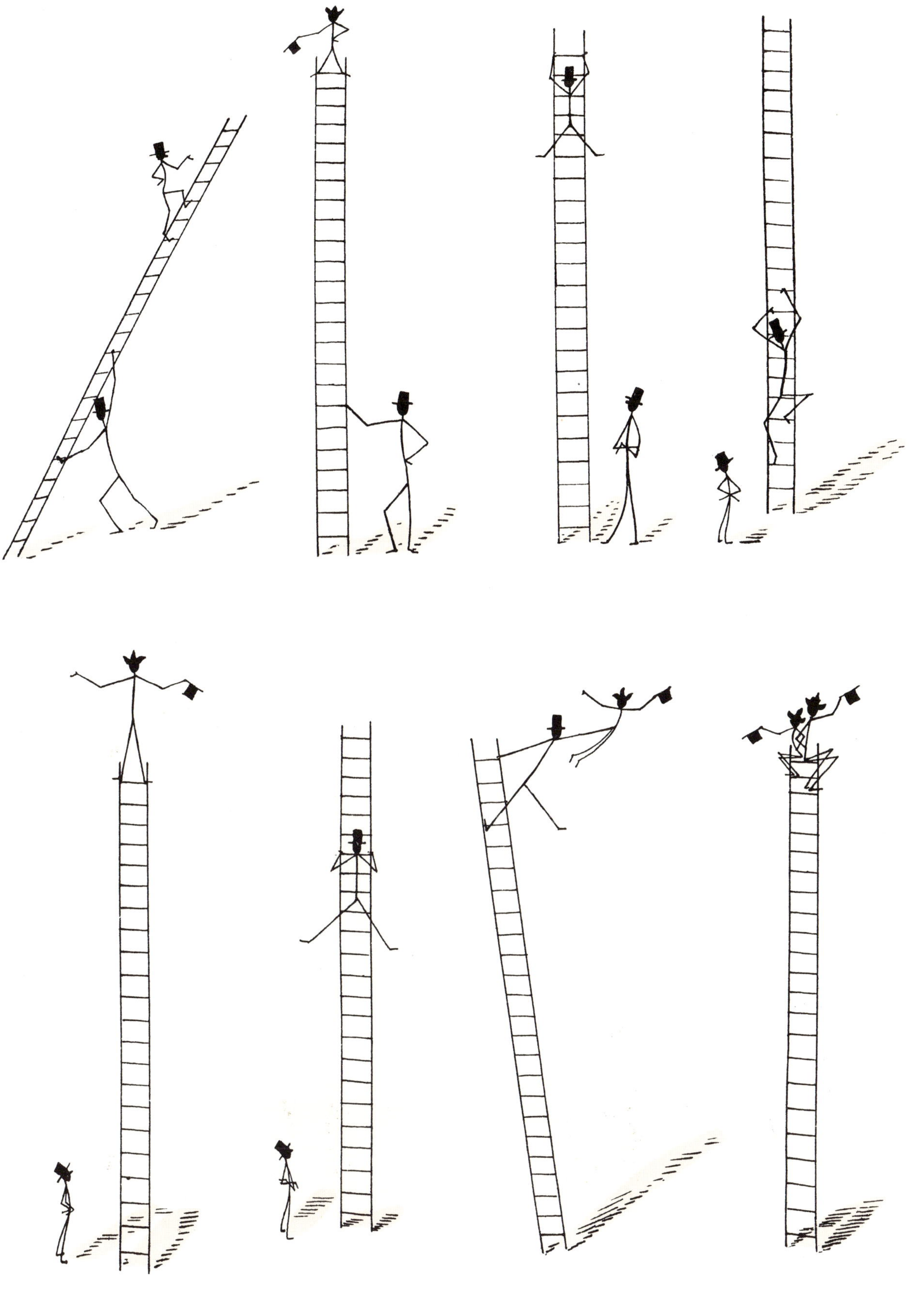

Die Leiterkünstler.

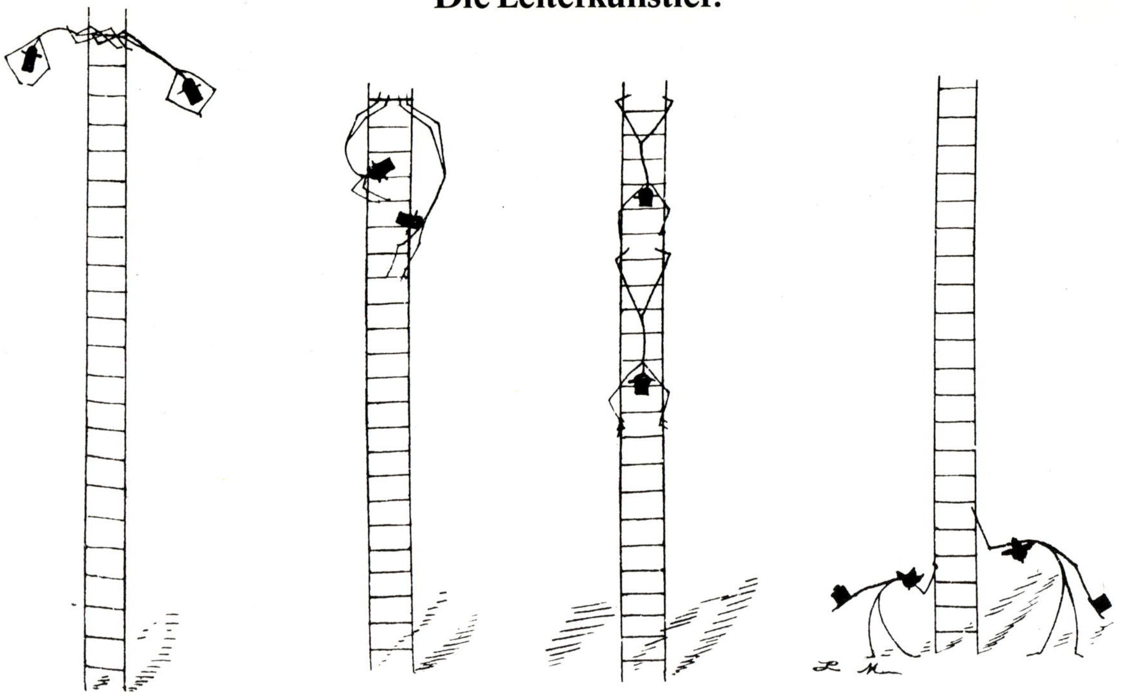

Zum erstenmal auf Parkett.

Herr Wamberl: „Nanni, Nanni . . . denk Dir nur das Glück . . . das große Los haben wir gewonnen!"
Frau Wamberl: „Was thun wir jetzt?"

Herr Wamberl: „Was wir thun? Protzen werden wir . . . und auf Parkett wohnen wir . . . kündig' Du nur gleich die Wohnung . . . ich geh' und miet' eine neue!"

Herr Wamberl: „So ist's recht, machen Sie's nur recht glatt . . . sehen muß man sich drin können!"

Zum erstenmal auf Parkett.

„Nanni, gedeckt wird nachher im Salong!"

Herr Wamberl: „Was, 20 Mark kost't die Wichserei? Und ein Trinkgeld auch noch . . . no, ich kann's machen . . . hier . . . adjes!"

Herr Wamberl: „Nanni, der große Moment ist da, halten wir Arm in Arm unsern Einzug . . ."

„Oha! Hast Dir weh than, Nanni? A Bisserl? No, macht nix . . . auf **der** Seite thut's **uns** net viel . . ."

Zum erstenmal auf Parkett.

Herr Wamberl: „No, siehst Nanni, nach und nach geht's schon . . . nehmen wir also gefälligst Platz."

Herr Wamberl: „No, da sieht mer's halt, daß Bildung auf's Parkett g'hört . . . uns ist das nicht passiert . . . bringen S' die Ganserl!"
Köchin: „Der Herr von Zeiserl ist draußen, er möcht seine Aufwartung machen."
Herr Wamberl: „Sehr angenehm! Nanni sei fein recht höflich . . ."

„Welche Ehr', Herr Zeiserl . . ."
Zeiserl: „O bitte, die Ehre ist ganz meinerseits . . ."

Frau Wamberl: „O, nein, bitte ganz unserseits . . ."
Zeiserl: „War mir äußerst angenehm . . ."
Herr Wamberl: „Bitte, sprechen Sie bald wieder vor!"

Unangenehme Douche.

1

2

3

4

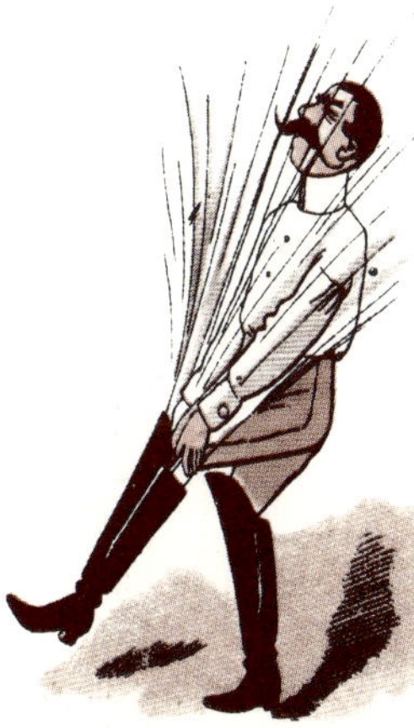
5

Das gestörte Frühstück.

Des Löwen Erbauung.

Rasch schreitet durch die Wüste quer
Im Abendschein der Missionär:
Denn eh' es Nacht wird, will er ja
Noch kommen bis nach Uquaqua!

Doch wie in den Balladen oft,
Erscheint ein Löwe unverhofft
Und macht zum Sprung schon den Versuch.
„Halt!" ruft der Mann „Schau hier dies Buch!"

Des Löwen Erbauung.

Darin auf Seite neunzig steht:
„An Leib' und Seel' verloren geht,
Wer mit verwog'nem Sündermut
Jemand um's Leben bringen thut!"

„O Löwe! Löwe! Geh' in dich!
So wild du bist, du dauerst mich!
Denk' nur einmal wohin du kommst,
Wenn du so fortwürgst, brüllst und brommst!"

Der Löwe streckt die Zung' heraus
Und reißt der fernern Predigt aus.
„Den auch noch fressen?" denkt er. „Nee!
Mir thut der Magen jetzt schon weh!"

Der neue Hut.

„Nobel is er schon, mein neuer Cylinder, aber drucken thut er sakrisch — wer'n mir gleich hab'n — i lass' mir d' Haar schneiden!"

„Aber, erlauben Sie mir, was haben S' denn g'macht, Sie haben mir ja den Kopf völlig rasiert . . ."

„Hab' ich's net g'sagt — da, jetzt ist mein schöner Cylinder z'groß!"

Wunderbare Rettung durch einen Luftballon.

Wer andern eine Grube gräbt, fällt selbst hinein.

Verkehrt abgesprungen.

Zwei Freunde.

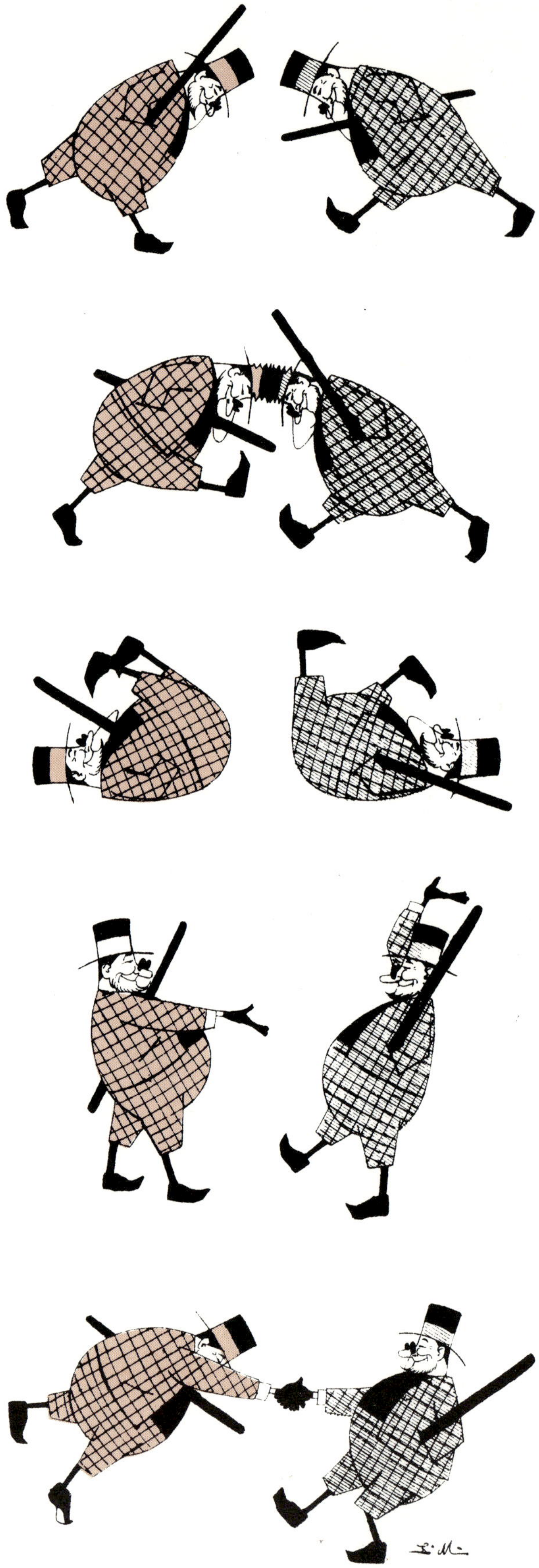

Zwei Freunde.

Zwei Freunde.

Ein gefährliches Plätzchen.

Ein gefährliches Plätzchen.

Das verhexte Kalb.

Die gestörten Klatschbasen.

Kurze Freude.

Kurze Freude.

Kraftleistung.

Der hastige Zweikampf.

Liebe kennt kein Hinderniß.

Der mißlungene Pferdefang.

Wer zuletzt lacht, lacht am Besten.

Der Radfahrer comme il faut.

Der gefoppte Stier.

Der gefoppte Stier.

Das verzauberte Schilderhaus.

Gerettet.

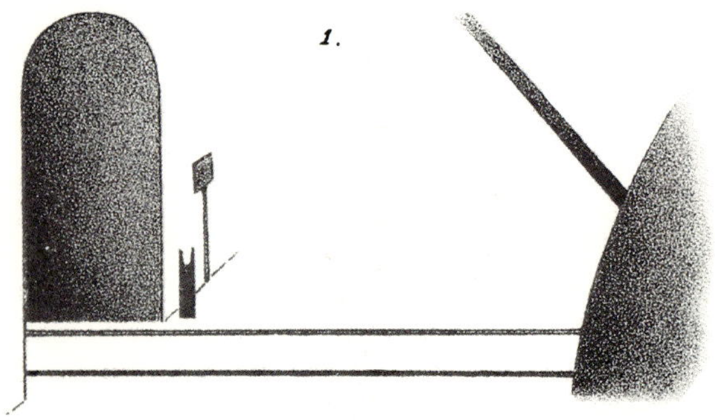

Bim — bam; bim — bam.

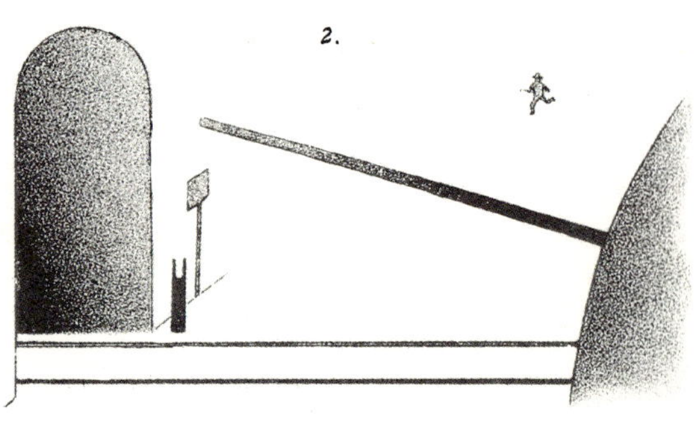

Die Schranke schließt sich.

3.

„Sáperlot jetzt kommt g'rad ein Zug."

4.

„So, nur rasch über die Barriere geschwungen."

5.

„So ist's recht, jetzt nimmt's mich mit in d' Höh!!"

6.

Gendarm: „Da ist er 'nüber, der Gauner!"

7.

Gauner: „Es geht nix über den Zufall.

8.

adieu Gendarm!"

Der abgewiesene Freier oder der Liebe Sieg.

1.

2.

3.

4.

Der abgewiesene Freier oder der Liebe Sieg.

Viel besser.

„Sehen Sie, lieber Freund, der Apparat zum mechanischen Selbstspielen, an jedem Klaviere anzubringen, wäre eine Unterhaltung für Sie und Ihre Frau . . . der Meter nur 2 Mark von den Musikstücken . . ."

„Hör'n S' mir auf; da haben wir einen Konservatoristen zum Freitisch, der ißt noch lang nicht für 2 Mark — spielt aber — endlos."

Der Briefmarken-Toni.

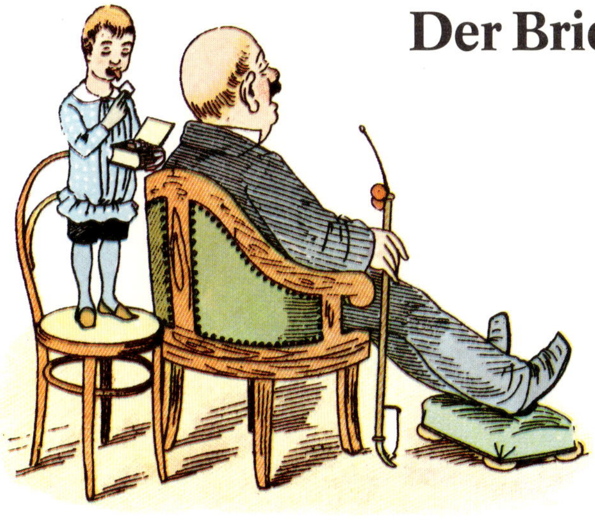

1.

2.

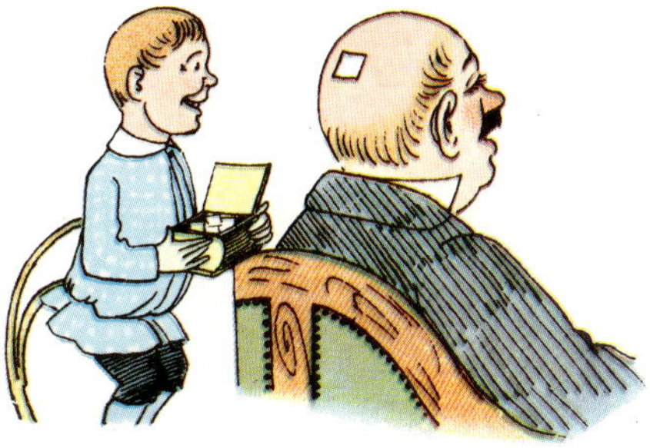

3.

4.

5.

Der Briefmarken-Toni.

6.

7.

8.

9.

10.

11.

12.

Der Briefmarken-Toni.

13.

17.

14.

15.

18.

16.

19.

Der Briefmarken-Toni.

20.

21.

22.

Der Neidhammel.

Der Neidhammel.

5

6

7

Intimes aus Artistenkreisen.

Ein Kuß hinterm eigenen Rücken.

8

9

10

Bestrafte Zudringlichkeit.

Wir haben schon g'funden, wo's fehlt, Madam!

Jetzt müssen Sie aber weggeh'n, wir werden

hier 's Rohr einfügen und dann strömt's Gas aus!

Sie geht halt nicht, na mir kann's gleich

sein. Ei herrje! Hab' mir's doch gleich gedacht... jetzt hat sie's, jetzt fliegt sie davon!

Der Clown als Trinker.

Folgen der Schlafsucht.

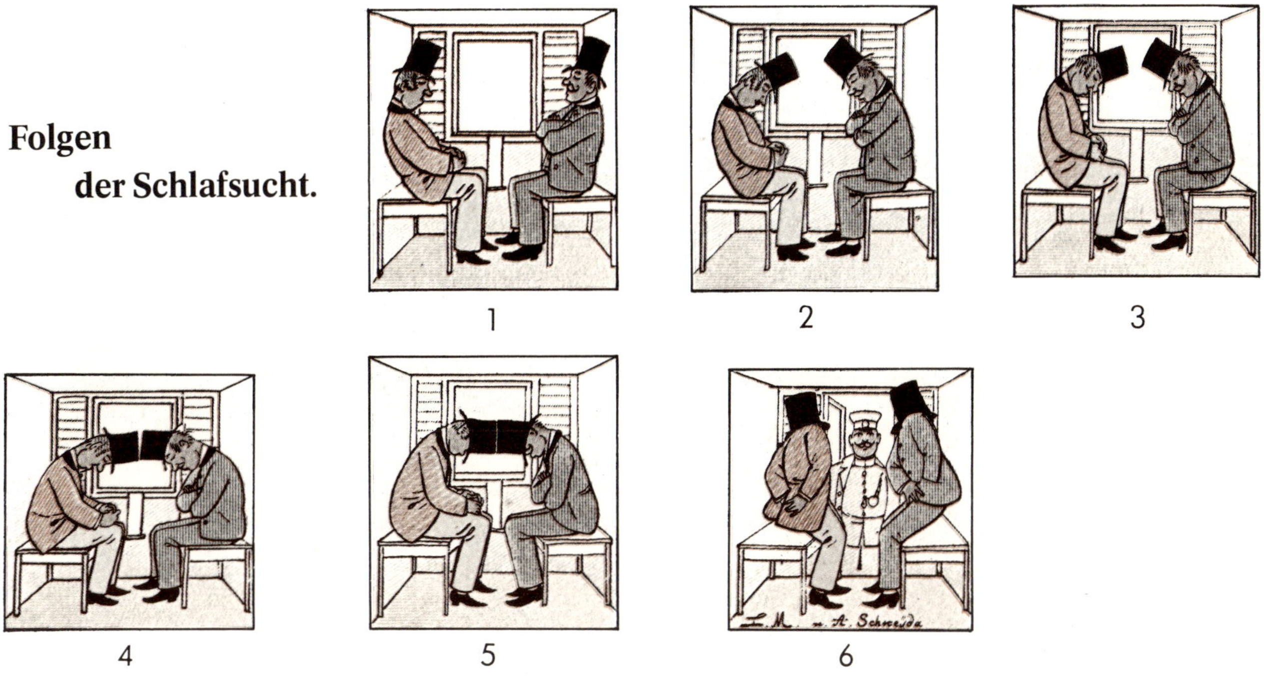

Kaum glaublich.

Köchin: „Friedrich! die Gnädige kommt, geh' schnell in den Speiseschrank."

Gnädige: „Was knuspert denn so in dem Schrank?"
Köchin: „Wahrscheinlich ist wieder eine Maus d'rin."
Gnädige: „Da will ich gleich die Katze holen!" (Geht ab.)

Köchin: „Friedrich, geh' schnell heraus!"
Friedrich: „Ich — kan — n — n — nicht!"

Die Dünne Wand oder wie Du mir, so ich Dir.

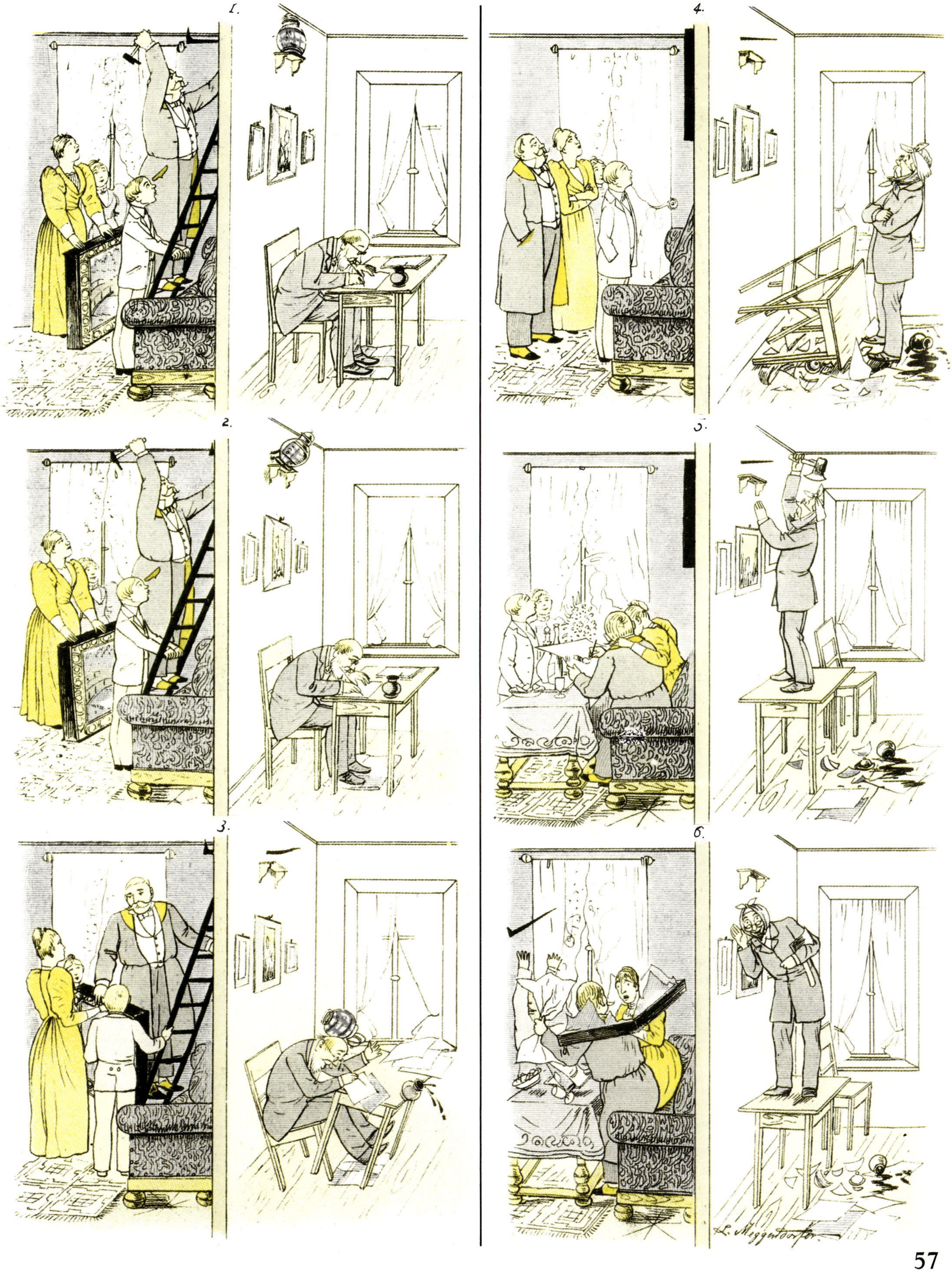

Schneider Fips in Afrika.

1 Auf einer Zweiradtour kommt da
Der Schneider Fips nach Afrika.

2 An einem Baume hält er Rast,
Ein Affe nun das Zweirad faßt.

3 Halt, schreit der Schneider, Heisasa,
Läßt du mir gleich mein Zweirad da!

4 Und läuft ihm nach mit seiner Scheer'
Der Affe dreht sich und lacht sehr.

5 Als er dadurch nun doch verwirrt,
Auf eine Boa sich verirrt,

6 Reißt die den Rachen auf entsetzlich,
Dem Affen scheint's nicht mehr ergötzlich.

7 Fips, dem nun um sein Zweirad bange,
Zwickt kühn jetzt ab den Kopf der Schlange.

8 Ein Schlag – Fips purzelt in den Sand,
Am Baum der Affe Zuflucht fand.

9 Ganz Afrika schreit: „Hoch dem Schneider!"
Als Fips nun im Triumph fährt weiter.

Das verhinderte Neger-Duell.

Die verhängnisvolle Prise.

Professor: „Meine Herren! – Mein heutiges Thema

– behandelt die –

– Unsterblichkeit – der – ha – ha – ha –

– ha – ha –

Die verhängnisvolle Prise.

— hazzih! —

— Seele.”

Blinder Eifer.

Der falsche Räuber.

Mit Akrobaten ist nicht gut Kirschen essen.

Mit Akrobaten ist nicht gut Kirschen essen.

Die sonderbare Bank.

Eine Zirkusstudie.

4

5

6

Geleitwort

Das treffendste Vorwort schrieb schon Julius Beck. Der Leser wird es hier in einer Zusammenstellung der schönsten Bildergeschichten Lothar Meggendorfers wiederfinden. Meggendorfers Name war Ende des vergangenen Jahrhunderts — man kann zu Recht sagen weltweit — mit seinen immer wieder neuartigen Buch- und Bilderfindungen verbunden. Verwandlungs- und Ziehbücher, „Puppenhaus" und „Internationaler Circus", die „Lustige Tante" oder der „Fidele Onkel" und immer wieder die sich verwandelnden Tierbilder. Und dann gab es die bis in unsere Zeit hineinreichenden „Meggendorfer's Humoristischen Blätter". Waren die ersten Jahrgänge noch ausschließlich von Meggendorfer bestritten, beschränkte sich seine zeichnerische Mitarbeit schließlich, abgesehen vom beibehaltenen Titel, auf humoristische Randleisten. In einer Auswahl mögen sie Kleinen und Großen wieder zugängig gemacht werden. Es sind eigentlich Bilder, die sich selbst erzählen, die mit einer lapidaren Überschrift auf den Weg gebracht, damals und — wie wir meinen — auch heute keinen unberührt lassen werden.
Dem geneigten Betrachter dieses Buches seien schließlich auch noch einige Seiten ausgewählter Annoncen aus jener Meggendorfer-Zeit zur schmunzelnden Betrachtung beigegeben. Die „Deutsche Barttracht — Es ist erreicht" oder „Nur 5 Mark für einen massiv goldenen Ring", wen würde das nicht auch heute noch interessieren?
Wir sind der Überzeugung, daß unter Abzug zeitbedingter Geschmackstendenzen, Meggendorfers ausgeprägter Sinn für das eigentlich Komische, zudem seine hohe, zeichnerische Qualität uns Heutigen auch noch Freude bereiten kann.

Der Herausgeber

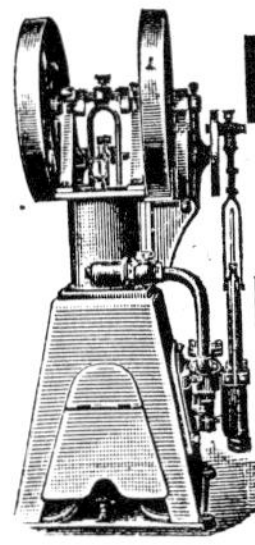

Wasser-
Pump-Motoren
für
Villen, Gärtnereien etc.
Petroleum-, Gas-, Spiritus- und Kohlen-Feuerung.
Kleinste Motoren
1/100 bis ½ Pferdekr. v. 60 Mk. an.
Blumentische mit Fontainen.
Heissluft-Motoren-Fabrik
Kirsten & Co., Dresden 31.

Elektr. Taschenlampe.
Tadellos funktionirend. Unentbehrlich f. Jedermann. Sehr dauerhaft, hochfein vernick. Größe: 9×7 cm. Gewicht: ca. 180 gram. Prospect gr. u. frc.
Versand in Deutschl. geg Einsendg. v. Mk. 5.20. Nachnahme Mk. 5.50. Auslandsporto extra.
H. Wilken, Hamburg 7.

Verrophon,
Musikinstr. aus Glaspokalen, leicht erlernbar, ferner: Holzstabharfe, Tubaphon, Xylophon, Glocken-, Schlittenschellen- u. Röhrenglockenspiel, klingende Münzen.
Adolf. Klinger, Reichenberg i. Böhmen, Kaiserhügel 16.

KATALOG hochinteress. Bücher gratis. Probes. geg. Eins. v. 1.—, 2.—, 3.— je nach Wunsch.
Diringshofen I, Berlin N. 28.

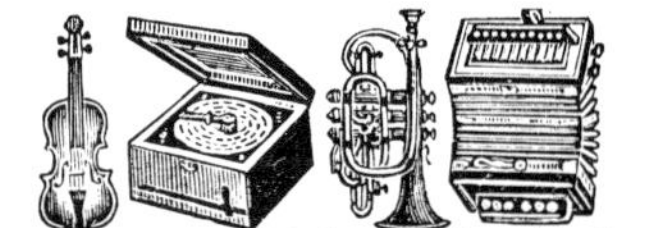

Ernst Reinh. Voigt Markneukirchen No. 744
Vortheilhafteste Bezugsquelle für Musikinstrumente aller Art. **Neuester Katalog gratis.**

Musikinstrumente

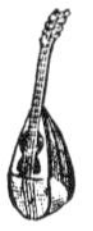

jeder Art. Vortheilhafte Bezugsquelle. Garantie.
Bruno Klemm jr.
Markneukirchen i. S. 140.
Jllustr. Katalog franco.

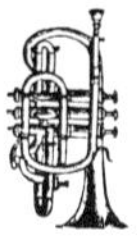

Schöne 160 Frauen! ausgewählte Aufnahmen — mit Text — gegen *M* 1.50 (Brfm.) frco.
Photos: Probe-Coll. *M* 1,10 - 2,20 - 3,20 etc.
Dalmverlag, Berlin, Kantstr. 50 m.

Photograph. Apparate

schon von *M* 3.— an, bis zur feinsten Ausführung, sowie sämtliche Bedarfsartikel z. billigst. Preisen.
Katalog gratis.
Hess & Sattler, Wiesbaden 15.

Hypnotismus, Spiritismus,
Mosesbücher, Buch Jezira, Stein d. Weisen, etc. sowie allg. interess. Litteratur. Kataloge gratis u. fr.
Diringshofen I Berlin N. 28.

Teppiche

Prachtstücke 3.75, 6.-, 10.-, 20.- b. 300.- M. Gardin., Portièren, Möbelstoffe, Steppd. etc.
billigst im **Spezialhaus** Berlin Oranienstr. **158**
Katalog (450 Jllustr.) grat. u. fr. **Emil Lefèvre.**

Radical-Heilung der
Darmbrüche ohne Operation
Buchars Sanatorium
Hermanmestec i. Böhmen.

Der Seiden-Zoll
ist so niedrig, daß wir unsere Seidenstoffe zu billigsten Engros-Preisen porto- und zollfrei an Private meter- und robenweise versenden. Hochmoderne Muster in schwarz, weiß, farbig. Wundervolle Foulards von 95 Pf. an. Proben franko. Briefporto 20 Pf.
Seidenstoff-Fabrik-Union
Adolf Grieder & Cie, Zürich H. I.
Kgl. Hoflieferanten. (Schweiz).

Sensationelle Pariser Neuheit D. R. Patent.
Motorflügelfächer

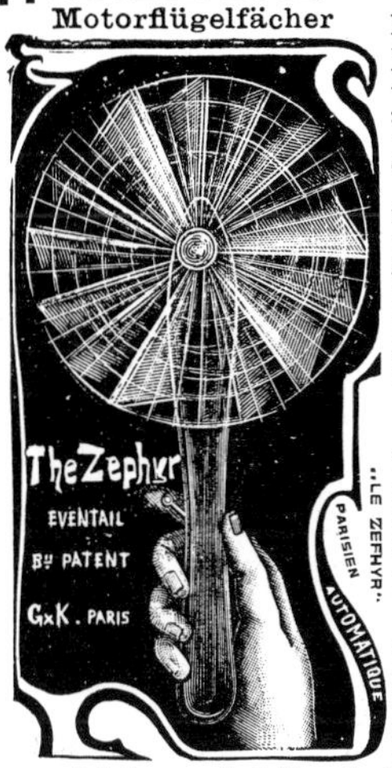

Für Theater, Salon, Bälle etc. „The Zephyr" Automatischer Motorflügelfächer, Gewicht nur 80 Gramm, für Damen & Herren, sehr fein und sehr zierbare Ausführung in eleganter Façon, Schildkröte oder Elfenbein, das schönste Geschenk für jed. Person. Gegen Einsendung v. nur 6 Mark expedirt franco frei für alle Länder
The Zephyr Co., Paris, 24, Rue des Petites-Ecuries.

Vorbereitung für d. Freiwilligen, Fähnr.-, Primaner- u. Abiturientenexamen, rasch, sicher, billigst!
Moesta, Dir., **Dresden 8.**

Amerik. Buchführung
lehrt gründlich durch Unterrichtsbriefe. Erfolg garantirt. Verlangen Sie Gratisprospekt. **H. Frisch,** Bücherexperte, **Zürich.**

Echt ist Adolph Weber's Alpenkräuterthee

nur m. nebenst. **Doppelkopf** Schutzmarke. — **Langjähr.** bew. in Cart. à M. 1,-, 3 Cart. frc. Nachn. **Adolph Weber Radebeul-Dresden 32.**

Jedermann Schnellzeichner!
u. Schnellmodelleur vor Publikum.
In 5 Minuten unfehlbar zu erlernen, mit den Geheimblättern & Geheimmodellen. Muster von ersteren 80 Pfg. Jllust. Prosp. gratis.
Adolf Deutsch Leipzig.

Dr. Schrader-Magdeburg
Mil.-Vorb.-Anstalt seit 1892, zum
Fähnrichs-, Einj.-, Examen.
Abit.-, Prim.-, Seekad.-
Kleine Abtheilung., erstkl. Pensionat. Prosp. Bericht üb. neuste glänz. Erfolge z. Verfüg.

Technikum Eutin
Maschinenbau u. Baufach

Repetir-Wecker
weckt innerh. 7 Minut. 9mal, so daß ein Einschlafen unmöglich ist. 4 M. 50 unter Garantie. Kein Risiko, da Umtausch gestatt. Jllustr. Preisbuch üb. Uhren, Ketten, Schmucksachen, Musikwerke portofrei und gratis.
Gebr. Loesch, Leipzig 76.

[ALKOHOL COCAIN] MORPHIUM. [OPIUM etc.]

Anerkannt milde und schnelle Entwöhnung (Durchschnitt ca. 13 Tage). Absolut qualenlos. Bestbewährte Anstalt. Prospekt und Bericht über sämtl. Kuren frei. Beschränkte Krankenzahl. Keine Geheimmittel.
Dr. Franz Müller's Sanatorium
Godesberg am Rhein (2 Ärzte).

Wie erlange ich geistige Frische?
Nach der neuen berühmten Methode **Dr. Haig-Levy,** die durch Aufhebung der Gehirn-**Collämie** jede geistige Depression, Gedächtnisschwäche etc. überwindet. Prospect frco u. grat. **Leipzig** Crusiusstr. 108 **G. Vogt** Verlag.

Photogr. Apparate
CHR. TAUBER Grösste Auswahl. Enorm bill. Preise. **WIESBADEN.**
JLL. PREISLISTE GRATIS & FRANKO

Etruria Kunstgewerbl. Anstalt
Neuwedell N/M. Preussen, Postfach X versendet kostenfrei Preisliste mit vielen Abbildungen über Gegenstände zum
Schmuck für Garten u. Park
als Beet-Einfassungen, Fontainenfiguren, Gnomen, Märchengruppen, Garten- und Veranda-Möbel, Gartenspiele, Strandkörbe, Thierfiguren, Vasen, Zeltlauben, Zeltschutzwände usw. usw.

Kein Fussleiden mehr!
keine Schweissfüsse, Sohlenbrennen, Hautverhärtungen, Hühneraugen, Schwielen mehr! bei Benützung der
Dr. Högyes'schen Asbest-Sohlen

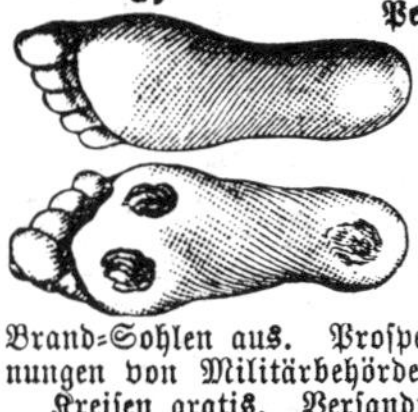

Per Paar: 70 Pfg. *M* 1.— u. *M* 2.—
So sieht der Fuß beim Tragen der Asbest-Sohlen aus.
So sieht der Fuß beim Tragen der altgewohnten Brand-Sohlen aus. Prospecte mit Anerkennungen von Militärbehörden, und höchsten Kreisen gratis. Versandt Nachnahme.
Centrale: Wien, I. Dominikanerbastei 21. A.
„18. Queen Victoria Street, London E. C."

Magere
erlang. harmon. Körperfülle dch. **glänzend** bew. **Eutr.-Tabletten.** Das einzige wissenschaftl. begr. **ärztl. erprobte & empfohl.** Mittel. **Sicherer Erfolg.** Zahllose Anerkennungen. Dose M. 2.20. Prosp. gratis.
Kosmet. Anst. Eutrophia Leipzig VIII.

Gegen Eins. von M. 4.20 vers. franco 3 Fl. à ¾ Ltr. **Portwein** in 3 Sorten echten alt.
J. G. Heintzen, Westerstede i. Old.

Kupferberg
Gold

KALODONT

unentbehrliche Zahn-Crême

festigt das Zahnfleisch, erhält die Zähne rein, weiss und gesund.

Berndorfer Alpacca-Silber

bester Ersatz für echtes Silber! Illustr. Preislisten gratis und franco durch die

Engros-Niederlage für Deutschland, **Berlin**, Leipzigerstr. 101/102.

Alexandrien. Rue Cherif Pacha. Depositaire: Rudolf Stobbe. **Budapest IV.** Waitznerstr 4. **Cairo.** Rond proint Suarès. Depositaire: Albert Lavergne. **London.** 194 Regent Street W. **Mailand.** Piazza S. Marco 5.

Moskau. Schmiedebrücke. **Paris.** Rue de Malte 48. **Prag.** Graben 16. **Stockholm N.** Kungsgatan 22. (Max Däumichen.) **Wien I.** Wollzeile 12.

Rehgeweihe u. alle anderen Arten in- u. ausländ. Geweihe u. Gehörne auch passende Stangen z. Vorhandenen, tadelloses Aufsetzen, echte u. künstl. Schädel u. Köpfe, Geweihschilder, Grandl, Gemsbärte, Leopardenfelle, Krallen, Lüsterweibchen, Kronleuchter, Gewehrhalter, Papierkörbe, Rauchtische Schreibzeuge etc. v. Hirschhorn offeriren **Weise & Bitterlich, Ebersbach i. Sa.** Indische u. virgin. Hirschgew. v. 1 M. an.

Geg. Eins. v. 20 Pf. Porto send. **alte Briefmarken** z. sehr niedr. Preisen **z. Auswahl.** Preisliste grat. G. Lublin, Zehlendorf 4 b. Berlin.

Adler Fahrradwerke vorm. **Heinrich Kleyer, Frankfurt a. M.**

Abteilung **Motorwagenbau** empfehlen

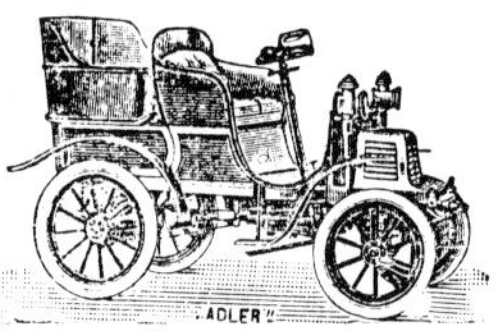

„Adler“ Motorwagen

in hochvollendeter Ausführung.

Prospekt und Referenzen auf Wunsch.

Nationelle Haarbehandlg. v. d. Haarspecialisten Weisse in Hamburg, Steinthorwall 4

Ernsthafter Fall der grausamen Haarpilze.

Haarkrankheiten

in Form von kreisförmigen kahlen Stellen kommen in letzter Zeit viel vor; sie werden durch einen Pilz (Micrococcus decalus) und durch übertragbare Hautflechten verursacht, der sich in der Wurzelscheide der Haare einnistet und das Absterben derselben veranlaßt. Hieraus geht hervor, daß die Krankheit ansteckend ist und man zur Bekämpfung derselben sein Augenmerk auf Tödtung der Pilze richten muß. — Schon bei den geringsten Haarausfällen soll man sofortige Vorsichtsmaßregel durch Desinficirung des gesammten Kopfhaares bez. Barthaares treffen, um einem event. Entstehen der Haarpilze vorzubeugen. Frühes Ergrauen der Haare wird in kurzer Zeit gehoben.

Erfolg nach achtzehnmonatlicher Kur.

Kanariensänger

Als Bezugsquelle I. Ranges

nach Postorten bis 9 Tage Entfernung

Maschke's Kanarienzüchterei St. Andreasberg i. H.

genügend bekannt u. empf. Prosp. frei.

Salzstengel

Feinste Delicatesse.

Rudolf Gericke

Kais. Königl. Hoflieferant. **Potsdam.**

Ueberall in ersten Delikatesshandl. käufl.

Meggendorfer-Blätter Nr. 576.

Aufsehen erregende Frauenschönheiten in Cabinetformat für Künstler. Catalog m. Muster 30 ₰

Heinr. Lehmann, Kunstverlag, Hamburg 1.

Dresdner Cotillon Fabrik

CARL WENZEL & Co.

Dresden.

Cotillon- u. Carneval-Artikel Preisliste frei!

Zauberapparate

Masken-Costüme

Costüm-Preisliste frei!

E. Neumann & Co., Dresden-N.

Baukredit, Wechseldiscont, Betriebs- u. Hypotheken-Kapital etc. streng discret in jeder Höhe.

W. Hirsch Verlag, Mannheim.

? **Warum** leiden tausende **unnötigerweise** an

Hämorrhoiden

Broschüre gegen 50 Pfg. in Marken franco Ficker's Verlag, Leipzig 7.

Lüfte vernünftig!

Vor Anschaffung von **Ventilationsapparaten** jeder Art verlange man **gratis** Auskunft von **Richard Schippel** Chemnitz-Kappel.

Die vielfach prämiirten Apparate bei. **Schornsteinaufsätze** werden **1 Jahr zur Probe** abgegeben.

Vertreter gesucht.

Stottern

heilt dauernd durch eigenes **Suggestivverfahren**, auch in d. schwersten Fällen die Anstalt von **Robert Ernst, Berlin SW.**, Yorkstr. 20, 22jähr. Praxis. Prosp. gratis. Sprst. 3—5.

Söhnlein & Co., Sectkellerei, Schierstein, Rheingau.

GROSSES LAGER von HÖNTSCH'S-GLORIA,-GLIEDER SPAR-u. CYLINDER KESSELN.
Pflanzen-Kübel
Gewächshäuser in allen Dimensionen.
MASSEN-FABRIKATION von FRÜH-BEET-FENSTERN.
Topfhüllen.
DAMPF-SÄGE-WERK
PRÄMIIRT mit höchsten PREISEN
HÖNTSCH u. Co.
DRESDEN-NIEDERSEDLITZ.
EISEN,- HOLZ- u. GLASWERKE
TRANSPORTABLE FRÜHBEETKASTEN.
KESSELSCHMIEDE.
ÜBRERNAHME ganzer GÄRTNEREI-EINRICHTUNGEN Syst. HÖNTSCH
HEIZUNGS-ANLAGEN aller Systeme
RASEN-EINFASSUNGEN
EPHEU-SPALIERE.
ZIMMERGEWÄCHSHÄUSCHEN.
Über Hundert ARBEITER
Balkon-Kästen.
HAUPTKATALOG u. PROSPEKTE stehen jederzeit zu Diensten.

Nr. 517½. Pa. Gold-double 2,75 Mk.

Brosche-Fassungen

zu Jubiläums-Zweimarkstücken mit Vorrichtung zum Selbst-Einsetzen. Illustr. Preisliste mit 2690 Abbild. über Uhren u. Goldwaaren umsonst. Versandt unter Nachnahme. Umtausch gestattet, event. Geld zurück, also kein Risiko.

Nr. 517. Mass. Silb. 800 gest., 1,50 Mk.

Richard Freytag, Erfurt 106.

Nr. 527 Massiv Silber 3 Mk.

№. 527 ist mit vergold. Eicheln, Krone und Schleife

Polyphon-Musikwerke

Selbstspielende u. zum Drehen mit auswechselbaren Metall-Notenscheiben v. 20 Mk. aufwärts.

Phonographen, Grammophone

nur erstklassige, tadellos funktionirende Apparate mit Wachswalzen u. Hartgummiplatten v. 20 Mk. aufwärts.

PHONOGRAPH

Photographische Apparate

aller Systeme, sowie sämmtl. Zubehör u. Ersatzteile. Nur erstklassige Fabrikate.

Lieferung aller Artikel geg. mässige Monatsraten v. 2 Mk. an.

Jll. Spezialkataloge üb. jeden Artikel gratis u. franco.

Bial & Freund in Breslau II.

Reproduktionen: **Litho-Contact** Peter Sauvant, Stuttgart

Sekt Rotkäppchen

Kloss u. Foerster, Freyburg a/U.

Cabinet-Sekt.

Zu beziehen durch die Weinhandlungen.

SULIMA CIGARETTEN.

Feinste Marken!

Jährliche Production: 163 Millionen.

Matrapas

feine Specialität zu 3-10 Pfg. p. Stück

garantirt rein u. blumig in allen Specialgeschäften erhältlich.

Meggendorfer-Blätter, München.

„Das Buch für die Frau"

v. **Emma Mosenthin,** früh. Hebamme, **Berlin** S. 72, Sebastianstr. 43, über sensation. Erfindung. 13 Patente, gold. Medaille, Ehrendiplom, D. R. P. 94583. Tausend. Dankschreib. Zusendung verschl. 50 Pfg. Briefm. — **Sämmtl. hygien. Bedarfsartikel.**

Haar-Stärker

Für das Haar giebt es kein Mittel, welches so stärkend, reinigend u. erhaltend wirkt u. vor allem so das Haar in dauernder Fortentwickel. erhält, wie mein bewährter Pflanzen-**Haarbold** (ges. gesch.). Fl. **2 Mk.** **Nur** in **Berlin** u. **nur** bei **Franz Schwarzlose,** Leipzigerstr. 56 (Kolonnad.)

Interessante **Bücher**

Probesendung ℳ 1.50 2.00 u. 3.00. Voreinsd. (Nachn. 30 ₰ mehr.)

Katalog gratis.

A. Sachtleben, Berlin S.O. 16. M.

Ich Anna Csillag

mit meinem **185 Centimeter langen Riesen-Loreley-Haar,** habe solches in Folge **14 monatlich. Gebrauches** meiner selbsterfundenen Pomade erhalten. Dieselbe ist als das einzige Mittel gegen Ausfallen der Haare, zur Förderung des Wachsthums derselben, zur Stärkung des Haarbodens anerkannt worden, sie befördert bei Herren einen vollen kräftigen Bartwuchs und verleiht schon nach kurzem Gebrauche sowohl dem Kopf-, als auch Barthaare natürlichen Glanz und Fülle und bewahrt dieselben vor frühzeitigem Ergrauen bis in das höchste Alter.

Preis eines Tiegels 2, 3, 5 und 8 Mark.

Postversandt täglich bei Voreinsendung des Betrages oder mittelst Postnachnahme der ganz. Welt aus der Fabrik, wohin alle Aufträge zu richten sind.

Anna Csillag

BERLIN, Friedrichstr. 56,

Ecke Krausenstrasse.

WIEN I, Seilergasse 5.